Un conte écrit et raconté par

Marlène Jobert

Une nuit bizarre, bizarre...

Pour faire aimer la musique de BACH

Illustration : Frédérick Mansot

C'était la veille de Noël. La neige tombait sur le château du comte de Sibbon, mais dès qu'elle touchait les toits, ses flocons fondaient en larmes. Depuis une semaine, le vieux comte était mort et la nature elle-même se désolait.

Dès le matin, les trois enfants de la ferme voisine étaient venus comme d'habitude guetter l'arrivée de Florian, le neveu du comte.

Ce jeune homme passait toutes ses vacances au château, et les petits voisins, qui l'aimaient beaucoup, étaient chaque fois impatients de le revoir.

Seulement en fin d'après-midi, ce ne fut pas la voiture de leur ami qui entra dans la propriété, mais une voiture inconnue. Elle tirait une petite remorque d'où débordaient un énorme sapin, des tonnes de bagages et des kilos de paquets.

Ces gens, avaient-ils l'intention de s'installer au château ?… Qui étaient-ils ?… Les nouveaux propriétaires ?… Florian, ne reviendrait plus alors… Les enfants eurent soudain le cœur serré.

Ces inconnus étaient des cousins du comte de Sibbon… des cousins éloignés que le comte n'avait jamais aimés.
La famille BOUZE… Il y avait là, le père, Herbert, petit, gros, toujours luisant de sueur ; Raymonde son épouse, une longue, longue asperge qui ne s'exprimait qu'en piaillant, et leur fille Scarlatine, âgée de six ans, grosse comme papa et piaillante comme maman. Il y avait aussi un certain Maître Louchard, notaire de son métier, qui les accompagnait.
De la remorque, descendirent la jeune domestique Rosalie et leur chien, que Scarlatine avait appelé Crétin.
Les petits voisins regardèrent les Bouze prendre possession du château et rentrèrent chez eux, terriblement déçus.
Mais le lendemain matin, quel ne fut pas leur étonnement !…
Les nouveaux propriétaires en pyjama, tout ébouriffés et les pieds nus, couraient comme des fous jusqu'à leur voiture… Avaient-ils vu le diable ? Que leur était-il arrivé ? C'est ce que je vais vous raconter…

La veille donc, les Bouze venaient d'entrer dans le château. Ils s'émerveillaient devant le luxe du salon et la superbe collection d'instruments de musique, lorsque des phénomènes très étranges commencèrent à se produire…

Tout d'abord ce fut un :

– AOAAAAHHH !

Cet énorme soupir qui paraissait monter des profondeurs des caves, s'accompagnait d'un souffle glacé si puissant, que sur toutes les têtes les cheveux restèrent dressés quelques instants.

Rosalie effrayée, se cacha le visage.

– Ce n'est qu'un courant d'air, petite sotte ! Aaaah ! Allumez plutôt les feux des cheminées, lui jeta Madame Raymonde.

– Mais quelle nigaude ! Remuez-vous ! Allez du nerf, bon sang, du nerf ! ajouta Monsieur Herbert.

AAAAAAAAAAHHH

Peu de temps après, pendant que les parents visitaient le château avec Maître Louchard, Scarlatine trouvait très amusant de taper de toutes ses forces sur les touches du clavecin. Elle s'en donnait à cœur joie, lorsque brusquement, le couvercle de l'instrument se referma. Elle retira ses mains juste à temps. C'était un avertissement mais la petite têtue ne le comprit pas. Elle voulut alors saisir un violon, et l'archet lui donna un petit coup sur le menton. Elle allait hurler mais… sa bouche grande ouverte resta figée de stupéfaction devant le spectacle extraordinaire que lui offraient les instruments de musique : ils jouaient tout seuls un concerto de Bach !

Un peu plus tard dans la soirée, les Bouze et leur ami Louchard réveillonnaient. Ils dévoraient goulûment tout ce que Rosalie leur servait, en faisant des « gniarpf, gniarpf, gniarpf » tout à fait répugnants et, chaque fois qu'ils buvaient, des « schliourps, schliourps, schliourps » tout aussi écœurants, quand soudain…

– OoooooH LA LA LA LA LA LA !!!! Cette voix grave et vibrante, qui semblait sortir de nulle part et de partout en même temps, fit trembler les murs du château.

– Kissé ka fait oh lalalalalalala ? demanda Raymonde.

Personne ne répondit. Ils se regardèrent tous, ahuris.

– Bizarre, bizarre, tout de même ! fit Herbert la bouche pleine. Cependant son bel appétit n'en fut pas du tout troublé ; il cria tout de suite après :

– Rosaliiiie !… Qu'attendez-vous pour nous apporter la bûche de Noël, hein ?… Allez remuez-vous… du nerf, bon sang, du nerf !…

Après ce festin d'ogre, les grandes personnes étaient restées à table pour se régaler encore et encore des liqueurs et des cigares du comte de Sibbon.
Dans le salon, la petite Scarlatine avait décroché un superbe tableau qui représentait un léopard, et s'amusait à lui dessiner avec un gros feutre des oreilles d'âne. Puis elle eut l'idée d'un jeu plus distrayant ; ce jeu consistait à torturer son chien en lui arrachant les poils un par un.
– Scarlatiiiiine ! Va vite te coucher, le Père Noël ne vient pas chez les enfants qui ne dorment paaaas !... piailla maman Raymonde depuis la salle à manger.
La gamine, fachée de devoir obéir, envoya un coup de pied à son pauvre chien avant de partir.

Dans la cuisine, Rosalie épuisée, s'apprêtait à laver la vaisselle, lorsqu'elle eut une étrange sensation... comme si derrière elle quelqu'un était présent...
L'assiette sale qu'elle tenait, lui glissa des mains pour aller se poser dans l'évier. La jeune fille n'osait plus bouger ! Elle cherchait une explication à ce phénomène, quand la même voix grave et vibrante venant de partout à la fois, lui dit :
– Joyeux Noël Rosalie ! Vous devez être fatiguée maintenant ! Allez donc vous coucher, vous l'avez bien mérité.
Rosalie ne chercha plus à comprendre quoi que ce soit, elle se sauva.

Dans la chambre de la petite Scarlatine qui ne dormait toujours pas, la poignée de la porte remua… Très lentement… en grinçant… la porte s'ouvrit… et une forme bizarre, comme celle d'un très gros chat, s'approcha de son lit.

– Alors, gamine cruelle, crois-tu mériter la visite du Père Noël ? Moi vois-tu, je n'en suis pas si sûr ! grogna l'animal en sortant ses griffes. Et si je t'arrachais les cheveux un par un, exactement comme tu l'as fait à ton chien ? Hein ! Et si je te tirais les oreilles jusqu'à ce qu'elles s'allongent, s'allongent et deviennent comme celles d'un âne ! Hein ?

Scarlatine, terrorisée, reconnut alors l'étrange animal… C'était le léopard… celui du beau tableau qu'elle avait bêtement saccagé.

La fillette essayait de crier, d'appeler au secours, mais aucun son ne parvenait à sortir de sa bouche.

Quand peu après minuit, Maître Louchard se coucha, il s'aperçut avec horreur, qu'il n'était pas seul dans son lit ; des araignées géantes, des serpents gluants et d'énormes rats l'attendaient. Ils commencèrent tout de suite, les uns à le chatouiller, les autres à lui mordiller les doigts de pied, pendant que la même voix lui disait :

– Qu'avez-vous osé faire Louchard ? Vous, mon notaire et mon homme de confiance ! Hein ?... Avant de mourir, je vous avais demandé de remettre les clés du château à mon neveu !... et qu'avez-vous fait ? Vous les avez données à ces ignobles Bouze !... Vous avez eu l'audace d'effacer de mon testament le nom de Florian, pour y mettre à la place celui des Bouze ! Ah ah, ils ont dû vous payer cher mes minables cousins, pour obtenir de vous cette tricherie, hein !...

Louchard, au bord de la crise de nerfs, se débattait tel un noyé.

Il essayait bien d'appeler, mais ses cris, tout comme ceux de la petite Scarlatine, restaient muets...

Dans la chambre des parents Bouze, la grande Raymonde ronflait déjà. Herbert attendait le sommeil qui ne venait pas, quand soudain…
Il descendit voir qui pouvait avoir l'insolence de jouer de l'orgue à cette heure. Au salon, il ne trouva personne ; les touches de l'orgue s'enfonçaient toutes seules dans les claviers…
– Ooooh ! j'ai dû avaler trop d'alcool moi, pour avoir des visions pareilles ! Je vais aller boire un verre d'eau.
Et sans qu'il s'en rende compte, l'orgue le suivit jusque dans la cuisine, où la fameuse VOIX l'attendait.
– Ah te voilà cher cousin ! Crapuleux crapaud… Tu brûlais d'envie de connaître la vie de château. Et bien soit !… Tu vas voir comment je vais te gâter… Ah ah ah !… Pour commencer, tu vas laver la vaisselle, tout ranger et tout nettoyer, TOUT ! Allez, qu'attends-tu ? Remue-toi, du nerf, bon sang, du nerf !… Allez !
Herbert aurait bien voulu s'enfuir, mais l'orgue immense s'était posté devant la porte pour l'empêcher de sortir.

Au même moment… la grande Raymonde fût réveillée par des coups frappés à sa porte. Elle se leva pour ouvrir et que découvrit-elle ? Deux violons, un clavecin et un violoncelle.

– Joyeux Noël, Raymonde ! fit en chœur, l'étrange quatuor.

– C'est quoi cette farce ? piailla-t-elle en se frottant les yeux.

– Ce n'est pas une farce, répondirent le clavecin et le violoncelle.

– Ben, c'est un rêve bizarre, alors !

– Non, un cauchemar bizarre, et qui ne fait que commencer, dirent ensemble les violons en la menaçant de leur archet.

Complètement affolée, la grande Raymonde parvint dans un élan désespéré, à sortir de sa chambre. En courant éperdument à travers les couloirs, poursuivie par les instruments de la musique de Bach, elle hurlait :

– Herrrrrbêêêêrrrt ! Au secours ! Viens m'aider…

– J'peux pas, j'fais la vaisselle ! lui cria son mari depuis la cuisine.

Il ruisselait de sueur, et chaque fois qu'il osait s'arrêter un peu pour souffler, le grand balai lui donnait un coup dans le derrière… sans pitié…

Quelques minutes après, dans le parc enneigé, sur un arbre perché, madame Raymonde grelottait. Elle ne pouvait en descendre : en bas, l'infatigable quatuor qui l'avait pourchassé à travers tout le parc sans cesser de jouer, l'attendait plus menaçant que jamais !…

Ce n'est qu'au petit matin, que les instruments du quatuor retournèrent à leur place. L'orgue dégagea la porte de la cuisine, le léopard alla retrouver son tableau et les horribles bestioles disparurent.

Dans le salon, les Bouze et Maître Louchard se retrouvèrent, complètement épuisés, courbatus, abrutis. Mais à peine eurent-ils le temps de s'asseoir, qu'on entendit…

– Alors… bande de scélérats !… Cette nuit de Noël, vous a-t-elle plu ?…

Cette voix qui hantait le château et que tous connaissaient déjà, c'était, vous l'avez bien sûr deviné… celle du fantôme du comte de Sibbon, l'oncle de Florian.

– Vous êtes-vous bien amusés ? Moi énormément !… Et je me réjouis à l'idée de me divertir encore… Les petites plaisanteries de cette nuit ne sont vraiment rien à côté de ce que je vous prépare… Vous méritez bien pire que cela ! Vous allez beaucoup souffrir, si vous tenez à vivre chez moi !…

– Non, nooon ! pitié, nooon ! nous partons ! nous ne voulons plus rester !… gémirent-ils tous en reculant jusqu'à la porte.

– Louchard ! Si vous ne voulez pas que je vienne chez vous, la nuit, vous tenir compagnie… dépêchez-vous de remettre à mon neveu les clés de son château !…

– Oui, oui, oui… Monsieur le Comte, oui ! bredouilla le notaire terrorisé, en rattrapant les Bouze qui fuyaient.

Voilà donc pourquoi, ce matin de Noël, les trois petits voisins eurent la surprise de voir les nouveaux propriétaires en pyjama, si pressés de partir… mais si pressés… que dans leur précipitation, ils oublièrent Rosalie et le chien.

Une semaine plus tard, la neige tombait toujours, mais cette fois, ses flocons se chamaillaient joyeusement, pour savoir qui allait tomber le premier sur les toits du château de Florian.
Dans la cuisine, le jeune homme était attablé devant un somptueux goûter avec les enfants des voisins et Rosalie… et le chien que tout le monde à présent appelait… Calin !
Florian leur racontait avec beaucoup d'émotion tous les moments merveilleux qu'il avait passés ici chez son oncle depuis qu'il était petit.
Mais une bouffée de tristesse lui noua la gorge et l'empêcha de poursuivre…

Le superbe concerto de Jean-Sébastien Bach, que son cher oncle aimait tant écouter, lui revenait en mémoire si fort, qu'il croyait vraiment l'entendre encore…

Les enfants, tous ensemble, se tournèrent vers le salon, et le plus petit demanda :

– Qui joue de la musique là-bas ? C'est bizarre !…

Florian, avec un sourire à travers ses larmes, répondit :

– Ce n'est pas si bizarre que cela ! Vous ne le saviez peut-être pas, mais les êtres que l'on a beaucoup aimés ne nous quittent jamais ! Jamais…

Un conte écrit et raconté par

Marlène Jobert

Une nuit bizarre, bizarre...

Pour faire aimer la musique de BACH

Illustration : Frédérick Mansot

Édité par :
Éditions Glénat

Services éditoriaux et commerciaux :
Éditions Glénat – 31-33, rue Ernest Renan
92130 Issy-les-Moulineaux

Conseiller artistique : Jean-Louis Couturier
Photo de couverture : Frédéric de Lafosse/Sygma
Couverture : Les Quatre Lunes

Loi n°49-956 du 16 juillet 1949 sur les
publications destinées à la jeunesse.

Imprimé en Italie

Achevé d'imprimer : février 2003
Dépôt légal : février 2003
ISBN : 2.7234.3375.7